THIS BOOK BELONGS TO:

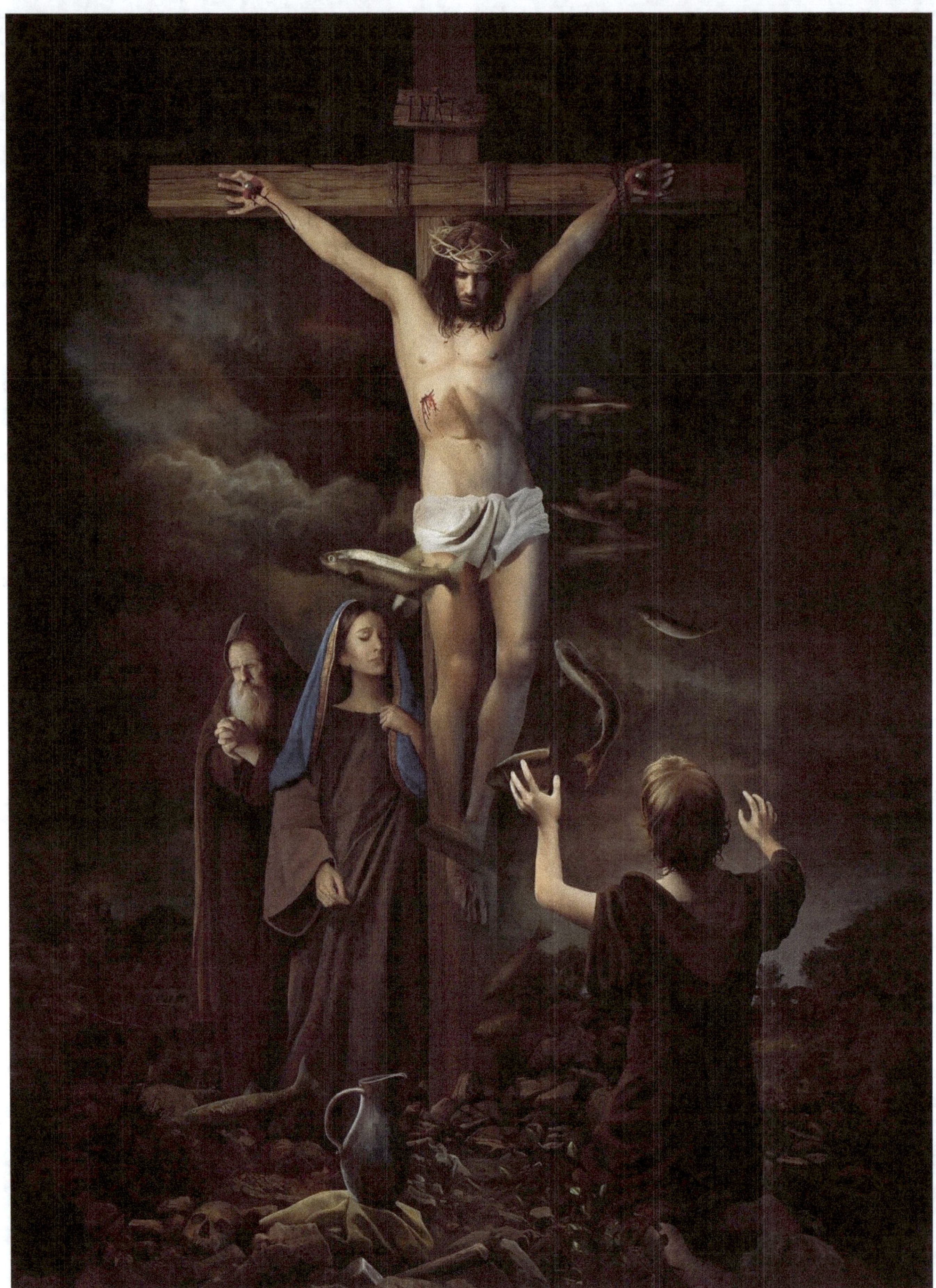

January

<table>
<tr><td>1.</td><td>16.</td></tr>
<tr><td>2.</td><td>17.</td></tr>
<tr><td>3.</td><td>18.</td></tr>
<tr><td>4.</td><td>19.</td></tr>
<tr><td>5.</td><td>20.</td></tr>
<tr><td>6.</td><td>21.</td></tr>
<tr><td>7.</td><td>22.</td></tr>
<tr><td>8.</td><td>23.</td></tr>
<tr><td>9.</td><td>24.</td></tr>
<tr><td>10.</td><td>25.</td></tr>
<tr><td>11.</td><td>26.</td></tr>
<tr><td>12.</td><td>27.</td></tr>
<tr><td>13.</td><td>28.</td></tr>
<tr><td>14.</td><td>29.</td></tr>
<tr><td>15.</td><td>30.</td></tr>
<tr><td></td><td>31.</td></tr>
</table>

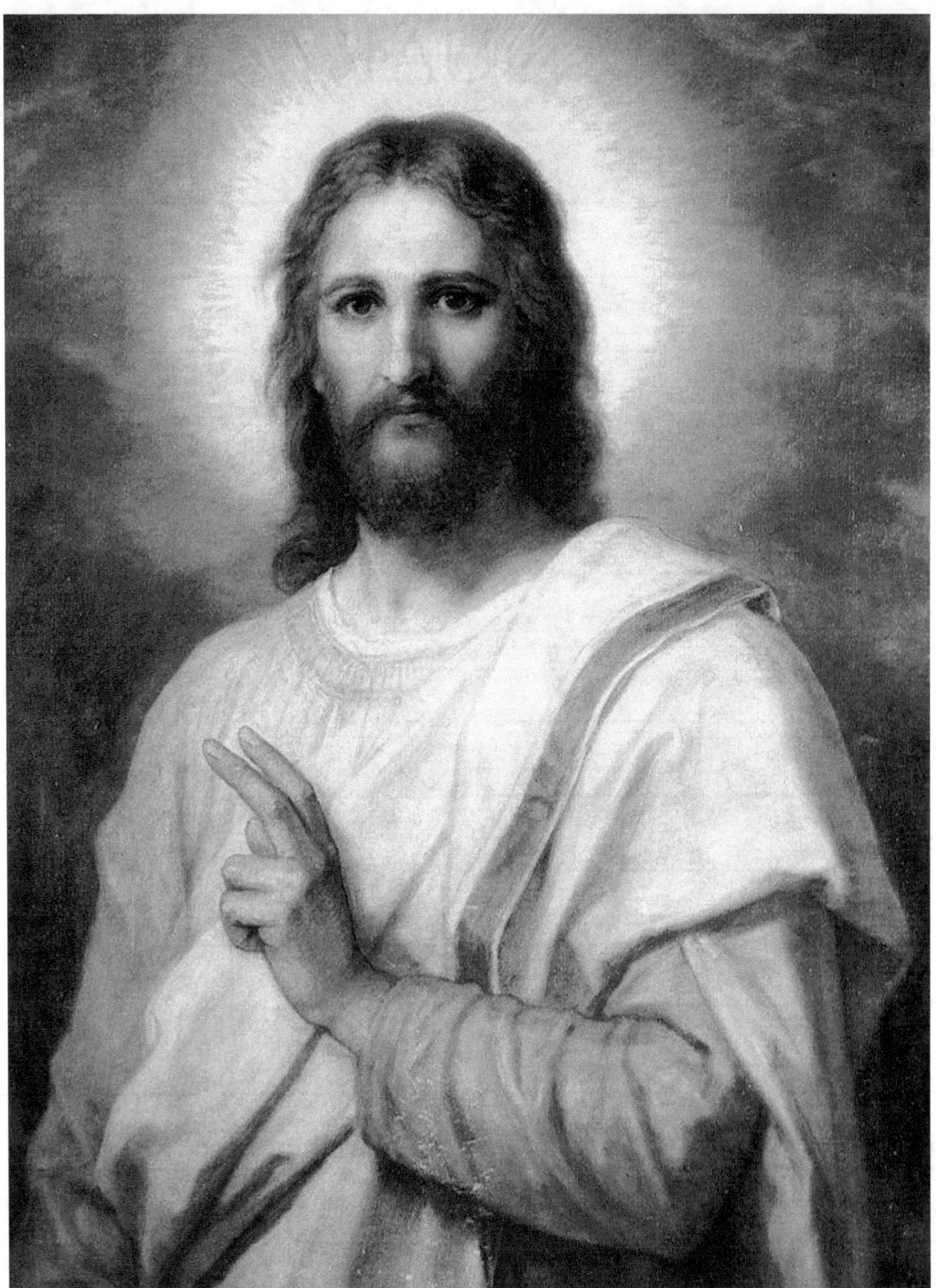

February

1.

2.

3.

4.

5.

6.

7.

8.

9.

10.

11.

12.

13.

14.

15.

16.

17.

18.

19.

20.

21.

22.

23.

24.

25.

26.

27.

28.

29.

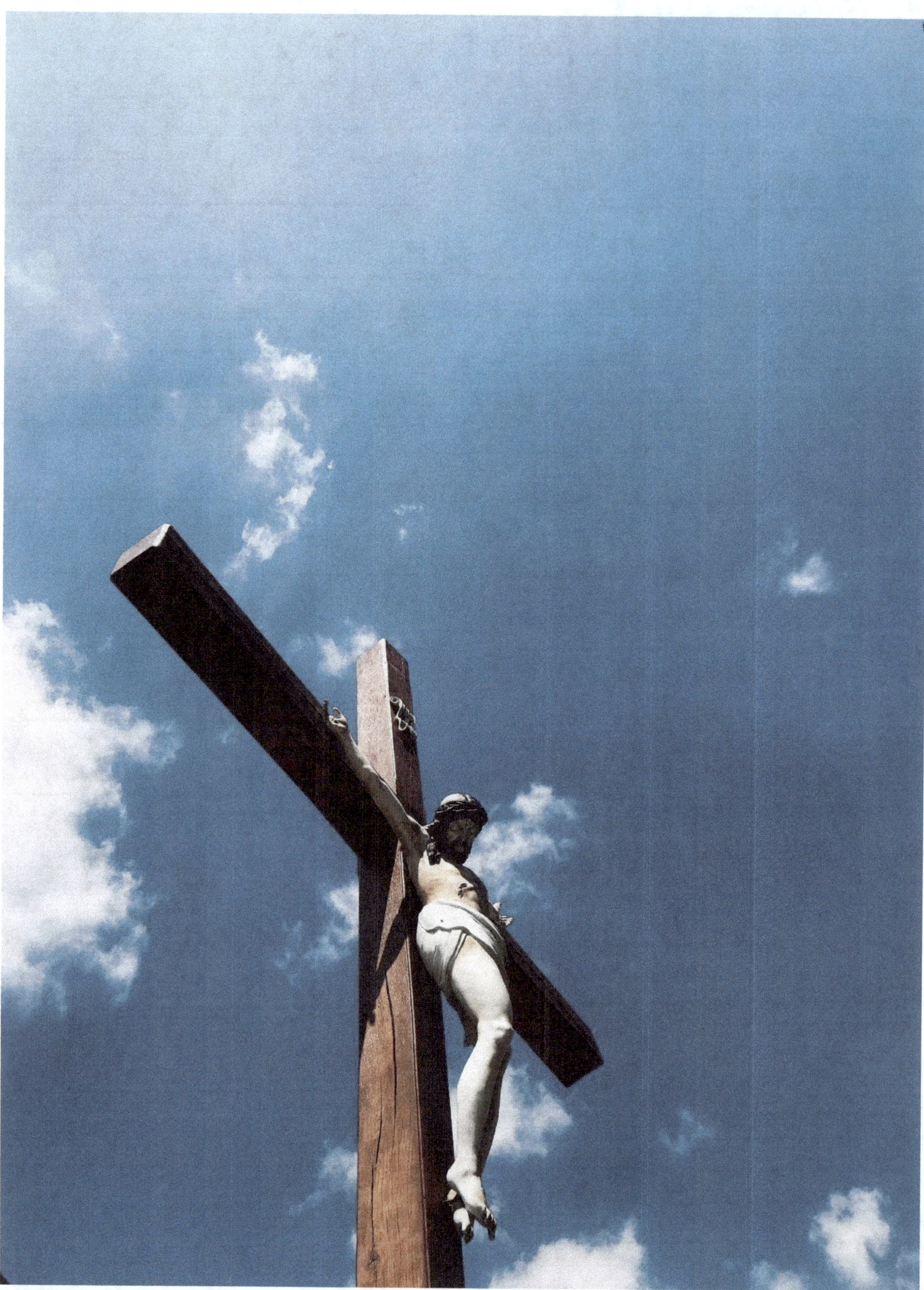

March

1. _______________________

2. _______________________

3. _______________________

4. _______________________

5. _______________________

6. _______________________

7. _______________________

8. _______________________

9. _______________________

10. _______________________

11. _______________________

12. _______________________

13. _______________________

14. _______________________

15. _______________________

16. _______________________

17. _______________________

18. _______________________

19. _______________________

20. _______________________

21. _______________________

22. _______________________

23. _______________________

24. _______________________

25. _______________________

26. _______________________

27. _______________________

28. _______________________

29. _______________________

30. _______________________

31. _______________________

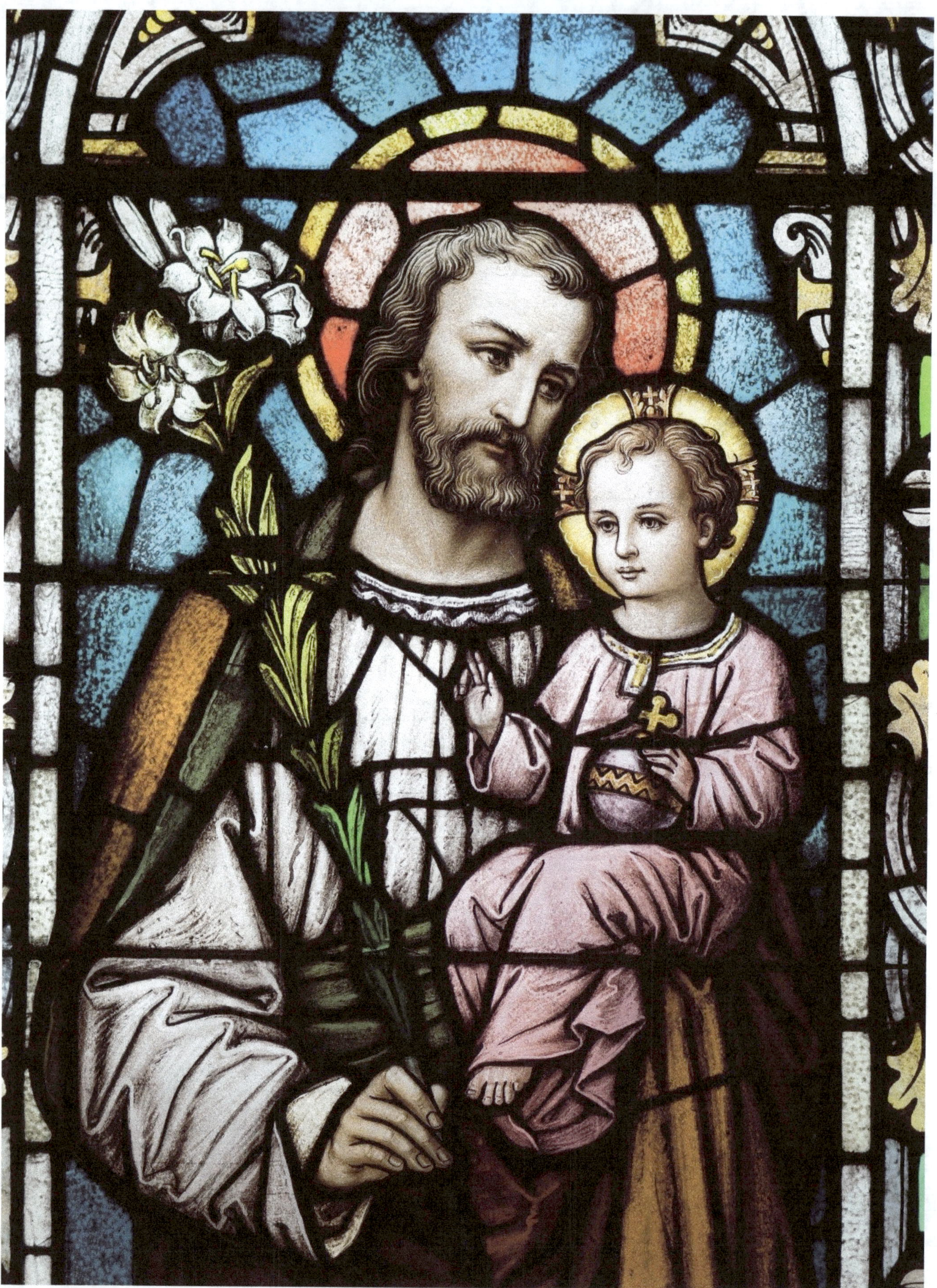

APRIL

1.

2.

3.

4.

5.

6.

7.

8.

9.

10.

11.

12.

13.

14.

15.

16.

17.

18.

19.

20.

21.

22.

23.

24.

25.

26.

27.

28.

29.

30.

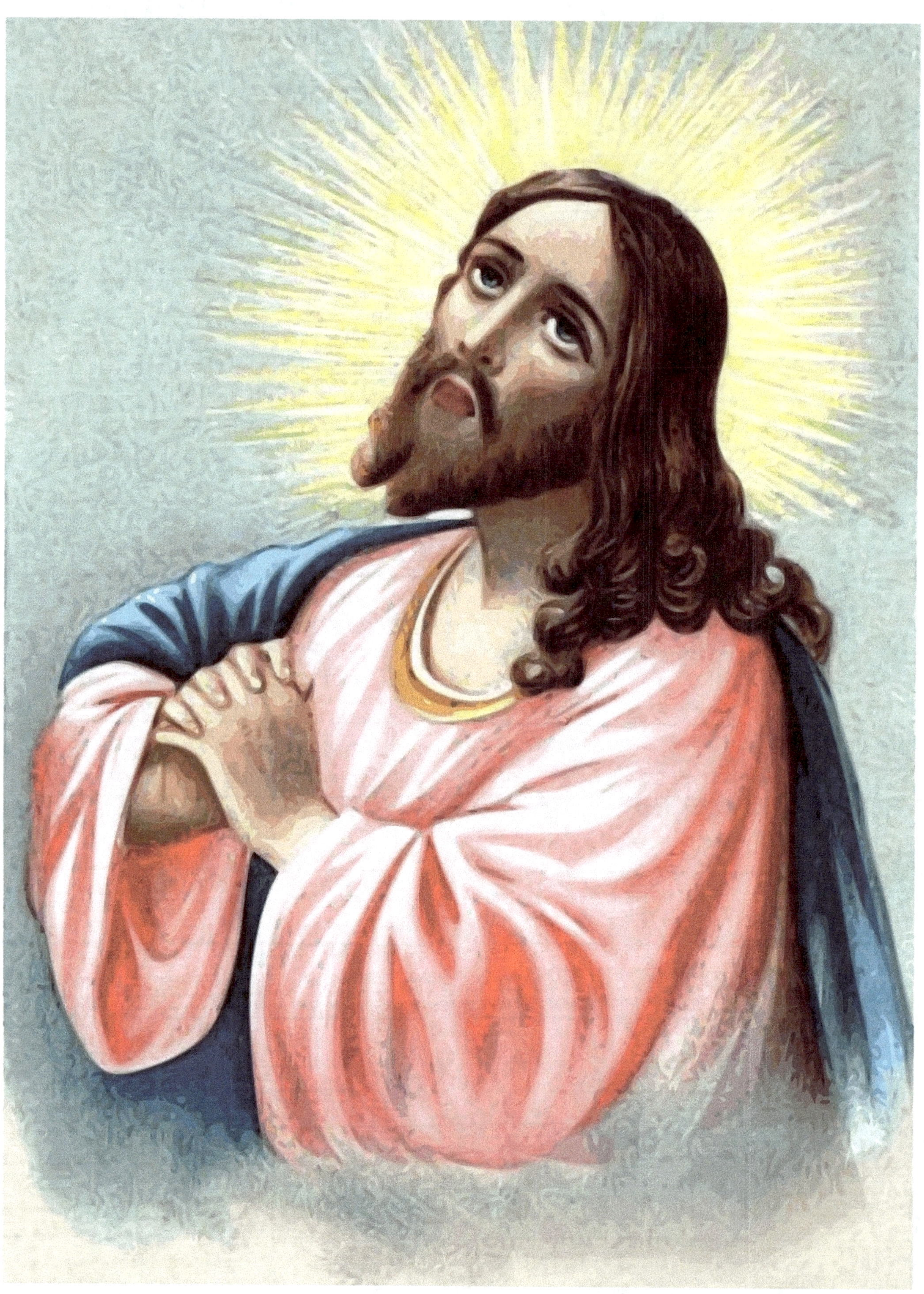

MAY

1.

2.

3.

4.

5.

6.

7.

8.

9.

10.

11.

12.

13.

14.

15.

16.

17.

18.

19.

20.

21.

22.

23.

24.

25.

26.

27.

28.

29.

30.

31.

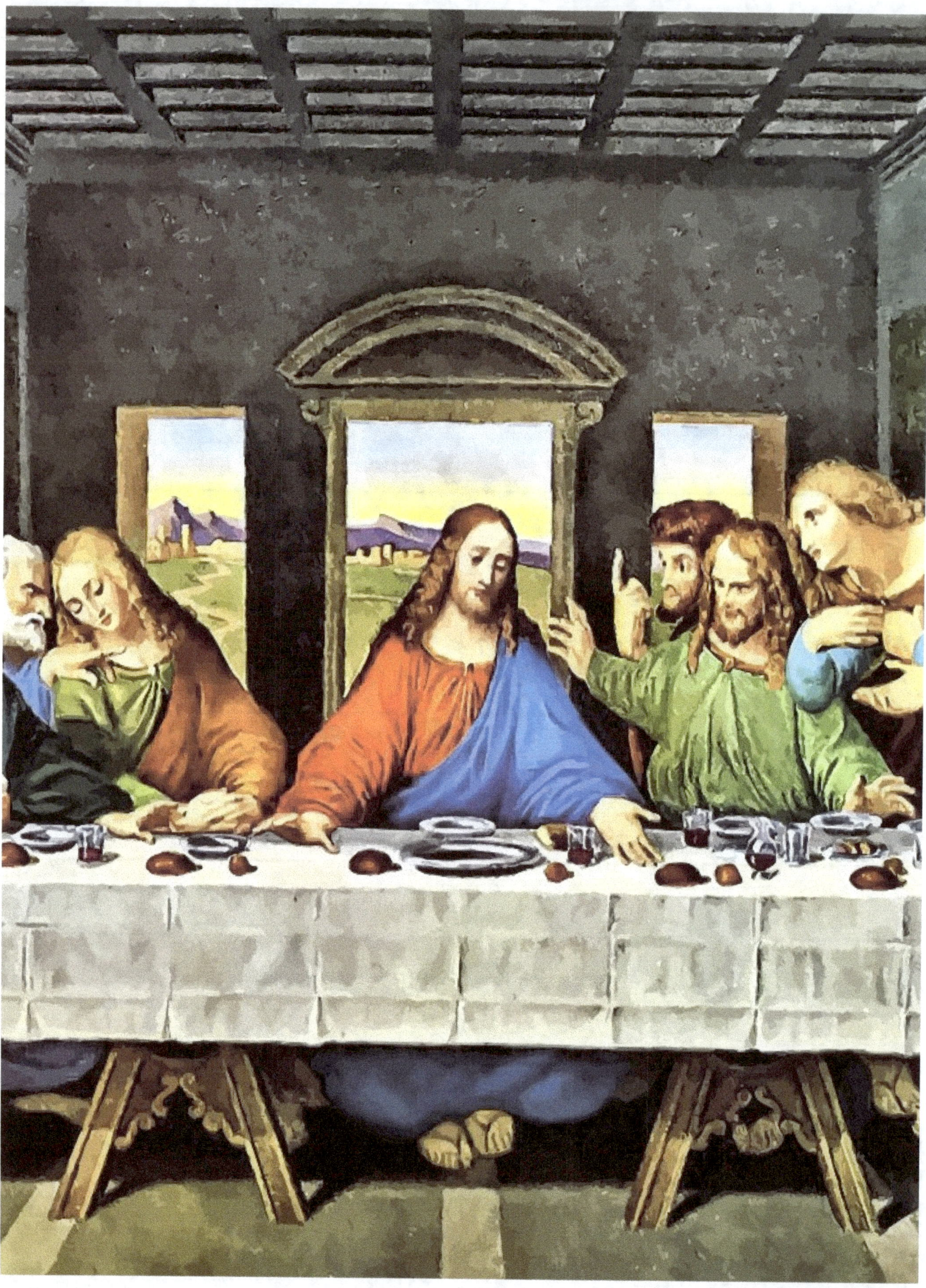

June

1.

2.

3.

4.

5.

6.

7.

8.

9.

10.

11.

12.

13.

14.

15.

16.

17.

18.

19.

20.

21.

22.

23.

24.

25.

26.

27.

28.

29.

30.

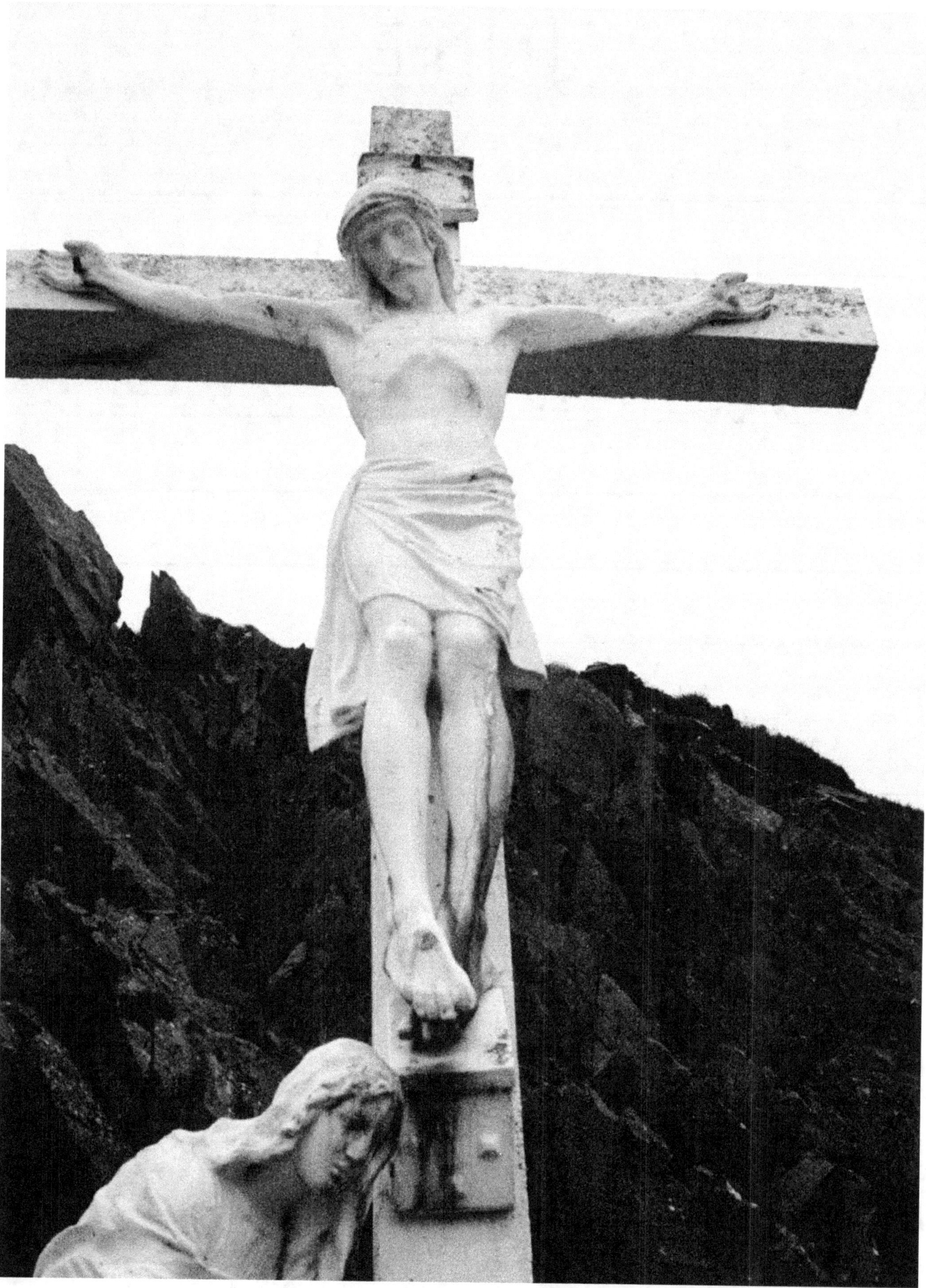

July

<table>
<tr><td>1.</td><td>16.</td></tr>
<tr><td>2.</td><td>17.</td></tr>
<tr><td>3.</td><td>18.</td></tr>
<tr><td>4.</td><td>19.</td></tr>
<tr><td>5.</td><td>20.</td></tr>
<tr><td>6.</td><td>21.</td></tr>
<tr><td>7.</td><td>22.</td></tr>
<tr><td>8.</td><td>23.</td></tr>
<tr><td>9.</td><td>24.</td></tr>
<tr><td>10.</td><td>25.</td></tr>
<tr><td>11.</td><td>26.</td></tr>
<tr><td>12.</td><td>27.</td></tr>
<tr><td>13.</td><td>28.</td></tr>
<tr><td>14.</td><td>29.</td></tr>
<tr><td>15.</td><td>30.</td></tr>
<tr><td></td><td>31.</td></tr>
</table>

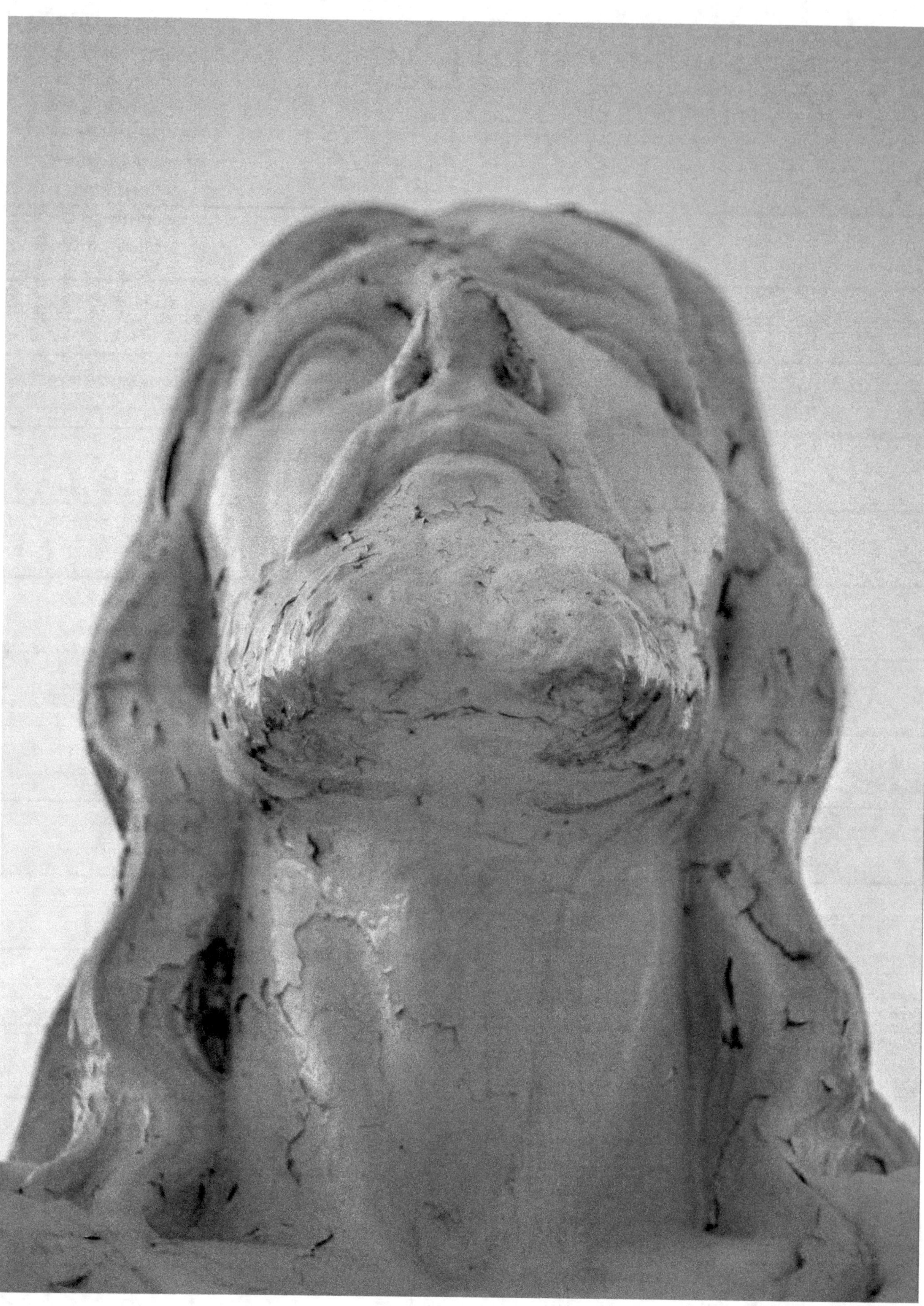

August

1.

2.

3.

4.

5.

6.

7.

8.

9.

10.

11.

12.

13.

14.

15.

16.

17.

18.

19.

20.

21.

22.

23.

24.

25.

26.

27.

28.

29.

30.

31.

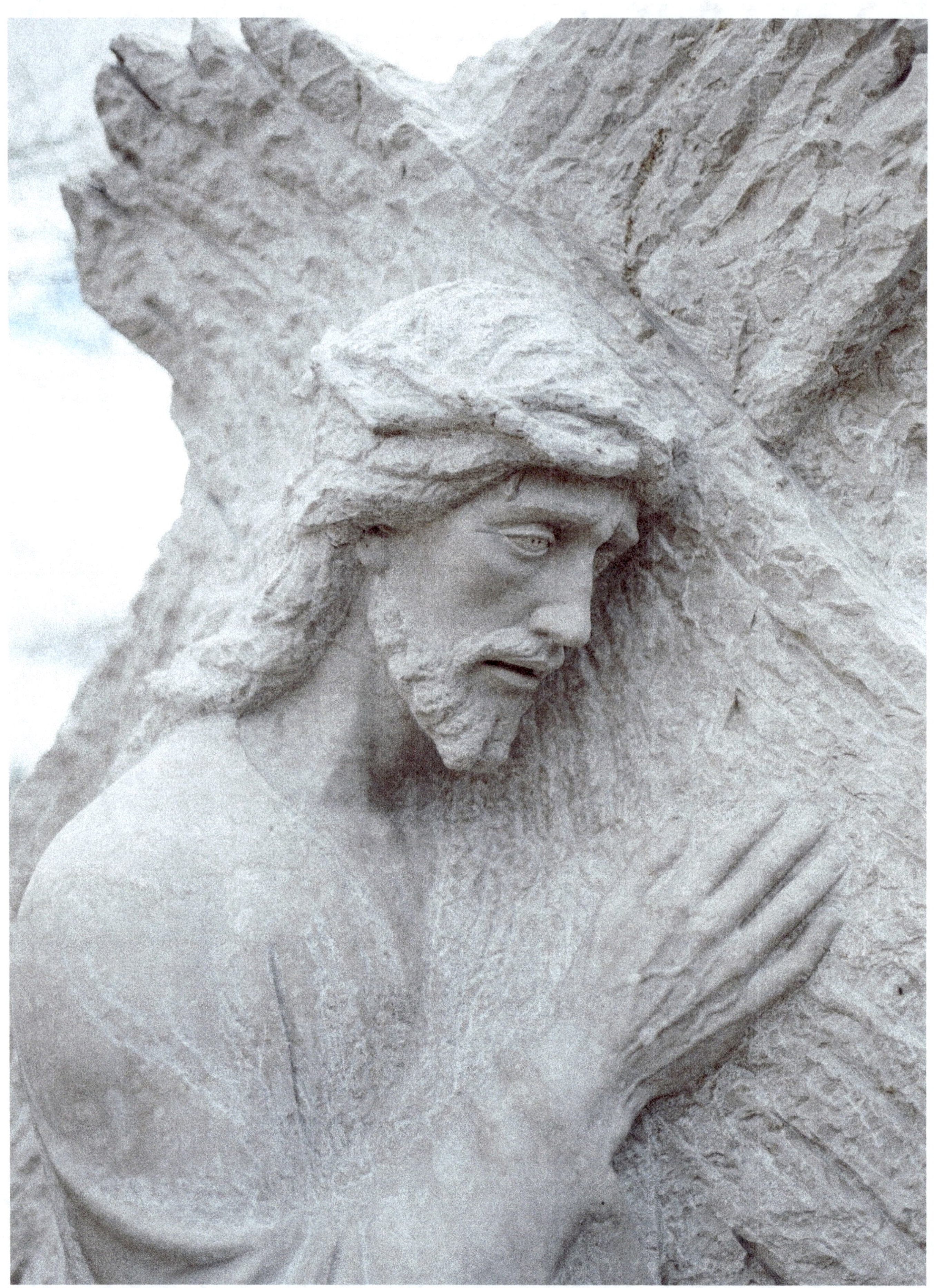

September

1. ________________________

2. ________________________

3. ________________________

4. ________________________

5. ________________________

6. ________________________

7. ________________________

8. ________________________

9. ________________________

10. ________________________

11. ________________________

12. ________________________

13. ________________________

14. ________________________

15. ________________________

16. ________________________

17. ________________________

18. ________________________

19. ________________________

20. ________________________

21. ________________________

22. ________________________

23. ________________________

24. ________________________

25. ________________________

26. ________________________

27. ________________________

28. ________________________

29. ________________________

30. ________________________

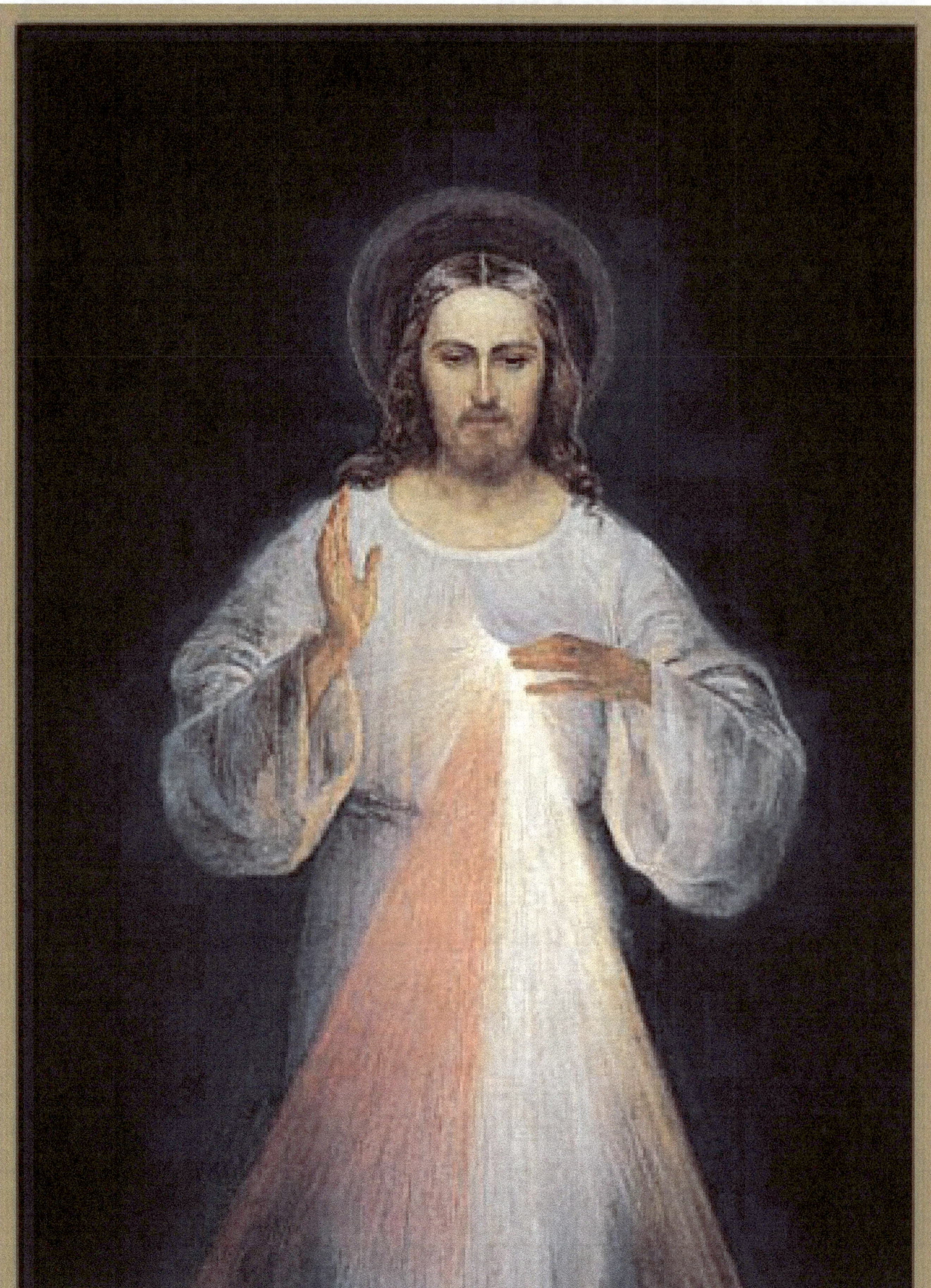

October

1.

2.

3.

4.

5.

6.

7.

8.

9.

10.

11.

12.

13.

14.

15.

16.

17.

18.

19.

20.

21.

22.

23.

24.

25.

26.

27.

28.

29.

30.

31.

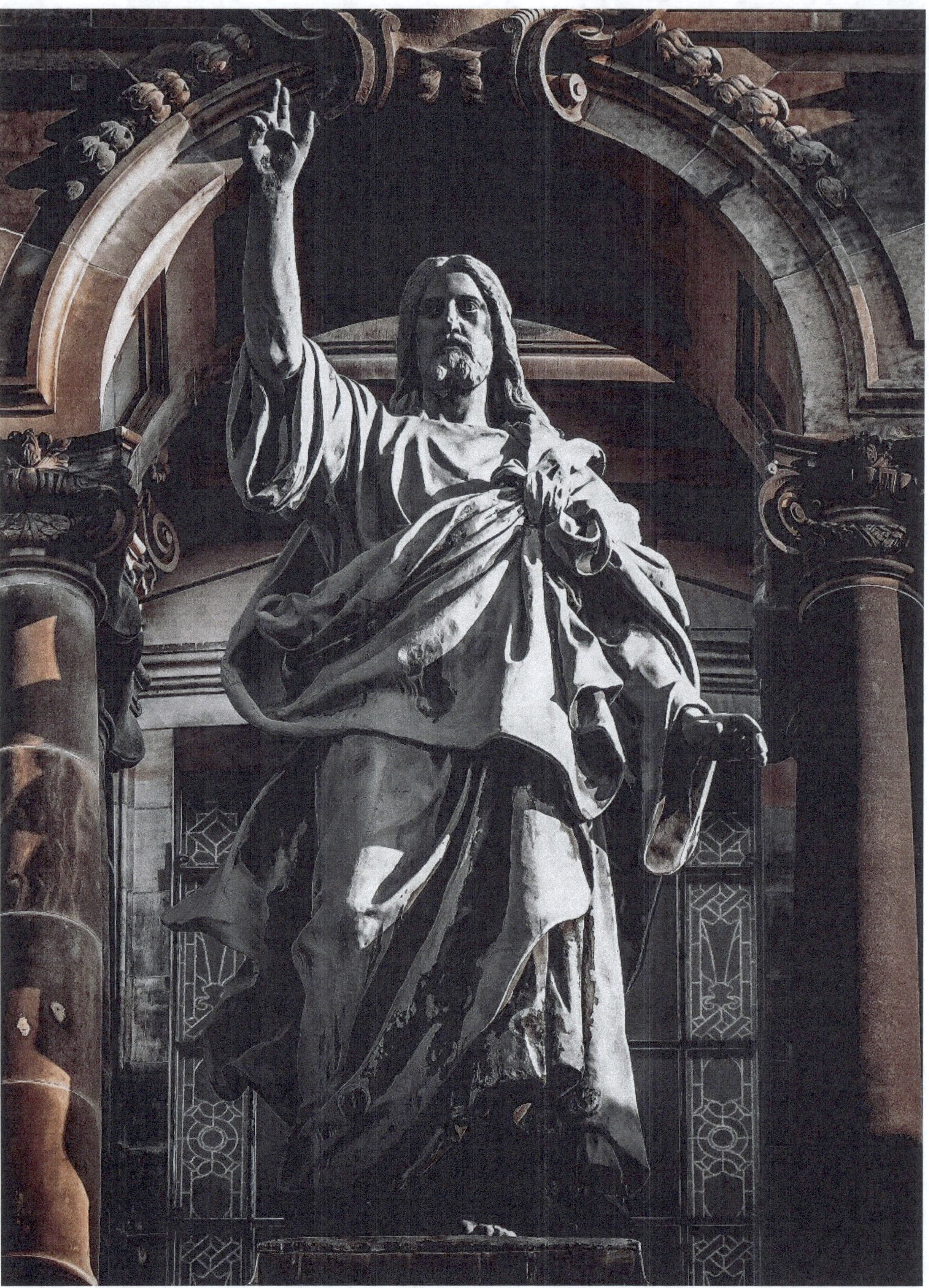

November

1.

2.

3.

4.

5.

6.

7.

8.

9.

10.

11.

12.

13.

14.

15.

16.

17.

18.

19.

20.

21.

22.

23.

24.

25.

26.

27.

28.

29.

30.

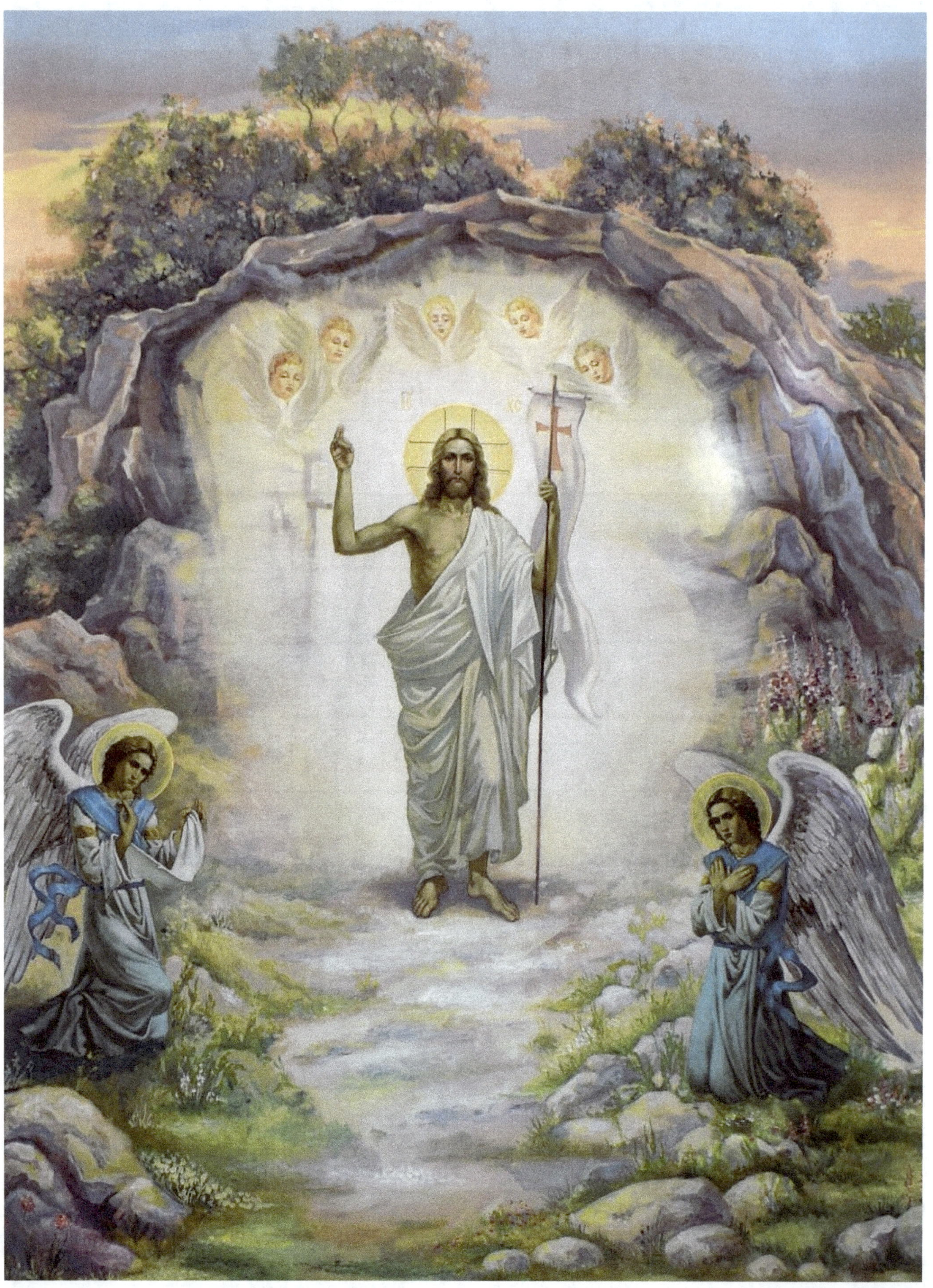

December

1.
2.
3.
4.
5.
6.
7.
8.
9.
10.
11.
12.
13.
14.
15.
16.
17.
18.
19.
20.
21.
22.
23.
24.
25.
26.
27.
28.
29.
30.
31.